7

L.K. 1044.

MONOGRAPHIE

DE

LA CHAPELLE ET DU PRIEURÉ

AU VILLAGE DE BOIS-GARAND,

EN SAUTRON,

PAR M. PHELIPPES-BEAULIEUX,

Avocat, membre de la Société Académique de Nantes ; ex-président de la Section de l'Agriculture, du Commerce et de l'Industrie ; de la Commission départementale d'agriculture de la Loire-Inférieure ; du Congrès central d'agriculture de Paris ; du Congrès scientifique de France ; de la Société d'Archéologie départementale ; de la Société Nantaise d'Horticulture ; de la Société des Beaux-Arts ; du Comice agricole de l'arrondissement de Nantes, du Congrès de l'Association Bretonne, etc., etc.

NANTES,
IMPRIMERIE DE Mme Ve CAMILLE MELLINET.

1853.

Qu'on nous permette d'offrir ici nos remerciements et notre reconnaissance à MM. Péhan et Fourmont, conservateur et adjoint de la Bibliothèque, et à M. Ramet, archiviste. C'est un faible hommage que nous rendons à nos honorables et savants concitoyens, en retour des soins et de la gracieuse obligeance dont ils ont bien voulu nous donner tant de preuves pendant les difficiles et longues recherches des titres de ce Prieuré.

MONOGRAPHIE

DE

LA CHAPELLE ET DU PRIEURÉ

AU VILLAGE DE BOIS-GARAND,

EN SAUTRON,

Par M. PHELIPPES-BEAULIEUX.

... Ce village doit être fort ancien, si l'on en juge par le costume des habitants, leur langage, la forme des maisons et les buis aux tiges gigantesques. L'aspect est triste. A l'entrée, on voit la Chapelle, entourée d'un *cimetière*, et s'annonçant au loin par son clocher, semblable à une aiguille d'ardoises qui monte dans le ciel :

laïques : et il fallut qu'un de ses successeurs, Conan Alain, duc de Bretagne, confirmât, en l'année 1128, par une nouvelle charte, la donation faite à l'abbaye du Ronceray, par le comte de Nantes (1). Faisons connaître cette maison : En ce temps, le Ronceray, dont l'origine est antérieure au VIe siècle, était en la plus grande vénération chez les populations angevine et bretonne par sa consécration à la Vierge. Après avoir été dévastée par les Saxons au Ve siècle, et détruite au IXe par les Normands, cette abbaye fut relevée en 950 par Foulques Lebon, comte d'Anjou, et reconstruite en grand, en 1028, par Foulques Nerra, et puis consacrée en 1119 par le pape Eugène. Le comte y établit quatre prêtres chargés de pourvoir et de veiller jour et nuit au service des âmes des religieuses, et de partager avec elles les bénéfices qui leur étaient attribués. Ces prêtres avaient titre et rang de chanoine, reconnus par arrêt de Parlement. Foulques Nerra concéda aux religieuses des fermes, des bois, des vignes, des champs, des prés, des moulins, des ponts avec péages, des chapelles, cures, prieurés (2), avec des familles entières de

---

(1) Le nom et la signature de Pierre Abeilard, abbé de Saint-Gildas-de-Rhuis, sont inscrits dans cette Charte et au bas, parmi ceux des personnes attestant les intentions du duc.

(2) Prieurés de *Courtamont*, de *Seiches*, de *Mareil*, du *Plessix*, de *Saint-Lambert-du-Lattay*, d'*Aveinière*, du *Bourg des Moutiers* au duché de Retz, de *Saint-Cyr* et *Sainte-Julitte* de Nantes et du *Bois-Garand*, en Sautron, etc., etc. A leurs noms, les abbesses avaient toujours soin d'ajouter ceux de leurs chapelles, cures et prieurés, dans les actes nombreux où elles

serfs. Ces libéralités avaient pour but autant le repos et le salut de l'âme du donateur que l'éclat de cette belle et vaste abbaye, l'une des plus illustres parmi les chapitres des femmes où l'on n'admettait que les filles des plus anciennes familles. Il fallait faire preuve de huit quartiers de noblesse. L'abbesse était élective. Depuis 1778, comme toutes les abbesses de France, sa nomination appartenait au Roi............ Telle était la riche Abbaye (1) à laquelle le duc de Bretagne, à l'exemple des comtes d'Anjou, confirma le don du monastère de *Saint-Cyr* et du Prieuré de *Bois-Garand,* avec les appartenances et dépendances. L'abbesse, devenue de la sorte dame suseraine du Prieuré, le fit desservir en son nom par un chapelain, curé ou recteur, chargé de dire chaque jour les offices, et de vaquer au service des âmes des fidèles.

Ce Prieuré avait droit de juridiction haute, moyenne et basse, fief, seigneurie et obéissance sur les hommes et sujets desdits lieux, de lods et ventes, épaves, gallois, déshérence, moulins à vent, moulins à eau, chaussées,

---

comparaissaient pour la conservation et la défense des droits et des priviléges de leur maison.

(1) On voit encore aujourd'hui les antiques bâtiments de cette abbaye, auprès de l'église de la Trinité, à Angers. Les cours, les corridors, les galeries, les dortoirs, les salles et la chapelle indiquent assez la splendeur de cette maison. Sur une portion de ce terrain, l'Administration municipale a fait élever un vaste édifice destiné aux élèves de l'École des Arts et Métiers. Chaque jour, des maîtres nombreux donnent des leçons à 200 jeunes gens de 12 à 15 ans. C'est un des plus beaux établissements en ce genre qui existe en France.

étangs, ceps, collier et prison audit *Bois-Garand*. La juridiction siégeait à Nantes, à *Saint-Léonard* (1), où il y avait audiences et plaids les lundis, en janvier et juillet. Elle était composée, en 1788, de MM. Lebeau, sénéchal; Caillé, procureur fiscal, et Cousin, sergent.

Le rôle rentier s'élevait à dix livres dix sols, et le terrage consistait dans la treizième gerbe et le treizième de tous et de chacun des fruits croissant dans cette juridiction. Les débornements avaient lieu : au Sud, par la grande route de Nantes à Vannes ; à l'Est, par la forêt de l'Évêque ; à l'Ouest, par les terres du seigneur de Vigneux ; au Nord, par le chemin de la Paquelais à Nantes. La partie au Sud du Cens porte le nom du *Grand Bois-Garand*, et la partie au Nord celui du *Petit Bois-Garand*. En ce temps, le Prieuré et ses dépendances occupaient environ les deux tiers de la commune.

Les anciens de *Bois-Garand*, c'est-à-dire les descendants des hommes qui, au temps du *servage*, dépendaient du Prieuré, à titre d'*hommes de corps, taillables et corvéables à merci*, se sont légué, de générations en générations, des traditions nombreuses et dont quelques-unes sont encore entremêlées de récits de follets, d'apparitions aux fontaines et de laveuses nocturnes au bord des étangs. Mais nous ne consignerons ici que les traditions graves, remarquables, pour les conserver, s'il est possible, avec

---

(1) L'église de Saint-Cyr, depuis Saint-Léonard, fut fondée, en 490, par Budic, fils d'Audren. Le corps de ce prince a été inhumé dans le chœur, en l'année 509.

toutes leurs particularités intéressantes. Dans leur naïf langage, ces bonnes gens affirment que *Bois-Garand*, dont ils font remonter l'antiquité à l'époque la plus reculée, a, de tous les temps, été vénéré en Bretagne pour ses *hermites*, ses *chapelles*, ses *pélerinages* et ses *processions* nombreuses qui avaient lieu le 2 juillet, jour de la Visitation de la Vierge, et jour de la fête du village. Ils prétendent que *Bois-Garand* ou *Bon-Garand* était jadis le *bourg* ou la *paroisse*, c'est-à-dire le lieu de réunion des habitants et l'assemblée des fidèles pour ouïr le service divin ; que cette qualité est relatée dans de vieux titres en parchemin qu'ils possèdent et conservent précieusement au fond de leurs bahuts. A l'appui de ces traditions, ils montrent, dans un jardin nommé l'*Hermitage*, situé à l'Ouest de la Chapelle de 1464, des ruines qui consistent en pierres de diverses grosseurs et grisonnantes sur terre et sous terre, et affirment que ce sont les ruines d'une *ancienne* chapelle construite quatre ou cinq siècles avant le XVe. Bien plus, ils assurent avoir trouvé les fondements d'une construction, ou mieux, d'une substruction d'une plus haute importance, *en gros appareils*, au Sud de la Chapelle, et disent que ce sont les *débris* de fondations d'une manière de *chapelle, château* ou *forteresse*, et qui paraîtraient remonter à une époque antérieure à celle de l'*Hermitage*. (1). D'après les récits qu'ils donnent comme des vérités, et les ruines qui en semblent les preuves, on serait porté à

---

(1) Ces ruines ne seront pas les seules : il est à présumer que le chemin projeté par la voirie à travers la partie occidentale du

soupçonner que les Normands, ces destructeurs d'églises et ces pilleurs de monastères (1) pendant le IXe et le Xe siècle, auraient détruit ce monument religieux, objet de vénération parmi les paroisses voisines ; car, dans le XIe siècle (1038), le comte de Nantes et son épouse s'empressèrent de faire des libéralités nombreuses à plusieurs églises et notamment à l'église, et au monastère de *Saint-Cyr et Sainte-Julitte*, église et monastère *pillés* et *détruits* par les Normands, mais qu'ils avaient fait relever, et ils lui donnèrent (Dom Lobineau, Preuves, livre 3) *Bois-Gragun derram*, *Bois-Garnier* ou *Bois-Garand*, domaine ducal, situé entre Orvault et Vigneux, sur les rives de l'Aulxence, avec les terres cultivées et non cultivées, les bois, les prés...... pour subvenir aux besoins et dépenses des servantes du seigneur, porte textuellement cette Charte. C'était réunir le monastère au prieuré, pour relever l'un et soutenir l'autre. Remarquons bien que cette donation est du XIe siècle, époques des nombreuses donations aux abbayes, églises, monastères et prieurés, époques des largesses surexcitées, moins encore, suivant nous, par la pensée prédominante alors, *mundi termino appropinquante* que pour réparer les affreux et nombreux désastres

---

jardin de l'*Hermitage*, s'il est ouvert, déblayé et nivelé, pourra produire de nouvelles preuves à l'appui de nos traditions villageoises.

(1) Nul orage, dit d'Argentré (Hist. de Bretagne), nul tourbillon ne fut tel : villes, chateaux, églises, allèrent par terre; sans nul respect, tout fut massacré à souhait...

des Normands. En ce temps, la Chapelle a dû être relevée sur le lieu de l'*Hermitage*. Mais, ce qui surprend, c'est que le nom de Sautron, nom de la paroisse où ce Prieuré est fondé, soit omis dans cet acte de donation : comme il l'est également dans l'acte de confirmation de cette munificence princière, en 1128 (1), par Conan Alain, à l'abbesse du Ronceray, omission inexplicable sans contredit : car la paroisse de Sautron, bien que mentionnée comme faisant partie du domaine de l'évêché de Nantes dans un acte authentique de l'an 1123 (Dom Lobineau, Charte, Preuves, lib. 4.), n'en doit pas moins remonter, suivant nous, à quatre ou cinq siècles antérieurs, époque de la fondation des autres paroisses sur la rive droite de la Loire, époque où les habitants devaient encore faire usage de la langue celtique, comme semble le prouver le nom de Sautron (Saoul-Traoun), mot formé de deux racines de cette langue. En outre, s'il faut ajouter foi à des traditions quelque peu obscures, il est vrai, Sautron, érigé en paroisse du VIIe au VIIIe siècle, ne serait qu'un simple démembrement de Couëron et d'Orvault, fondés sur une portion du domaine des ducs.

Maintenant, ajoutons aux traditions quelques documents plus graves que nous avons tirés de titres authentiques, et nous parviendrons insensiblement à découvrir la vérité sur le point où devait être l'église, la paroisse ou le *bourg*.

---

(1) Charte, dom Lobin., Histoire de Bretagne ; dom Morice, Preuves, lib. 3.

Des sept titres que nous présentons, le premier est un aveu rendu au roi Henri II, en l'année 1557, par dame Madeleine de Villiers, *prieure de Bois-Garand*. Dans cet acte, le tabellion désigne trois champs, sous les noms de pré du *Bourg*, de courtil du *Bourg*, de l'hébergement du *Bourg*.

Le second est un aveu rendu, en 1639, par Hervé Secrétain, notaire, qui nomme *Bois-Garand* le *Bourg de Bois-Garand*.

Le troisième est encore un aveu rendu, en 1655, par le même Hervé Secrétain, notaire, qui nomme le *Prieuré* le *Bourg de Bois-Garand*.

Le quatrième est un aveu rendu, en 1678, au roi Louis XIV, par dame de La Barre de Saulnay, *prieure de Bois-Garand*; cet acte, comme le premier aveu, cite le pré du *Bourg*, le courtil du *Bourg*, l'hébergement du *Bourg*.

Le cinquième est un second aveu de la dame de La Barre de Saulnay, rendu en 1682, au roi Louis XIV, et dans lequel on lit la tenue et *Bourg de Bois-Garand*, où est située l'*ancienne* (1) chapelle dudit lieu et autres logements et logis, dont jouit la veuve de François Secrétain, en son vivant sieur de la Rivière.

Le sixième et le septième sont deux aveux, l'un en 1708, rendu par René de Boisleve, et l'autre, en 1722, par Mathurin Letexier, mari d'Élisabeth de Boisleve. Le texte est semblable. Le voici : au-devant de la grande porte de ladite chapelle, une *grande* masère, et *vieux* vestiges

---

(1) Relevée au XIe siècle.

de *grands bâtiments* et *murailles* dans un jardin, le tout vulgairement appelé l'*Hermitage* (1).

Ces documents, renouvelés de siècle en siècle, tendent à confirmer que le village nommé anciennement Bot-Garan (Bois-des-Grues), ensuite, *Bois-Garnier, Bois-Garand* (2), noms changés, sans doute, par la piété des fidèles et la reconnaissance des pèlerins, en celui de *Bon-Garand*, aurait été, dans le principe, comme Prieuré-cure, le chef-lieu *parrochial* de Sautron. N'a-t-on pas vu, dans les paroisses pauvres et petites, les *Chapelles* des Prieurés servir fréquemment d'église *parrochiale?*... Comme exemples, nous citerons la Chapelle du Prieuré d'*Aindre* et l'église du monastère de *Vertou*. En outre, nous citerons le bel ouvrage intitulé l'*Anjou et ses Monuments*, à la page 389 (tome Ier). M. Godard-Faultrier s'exprime en ces termes :

---

(1) Cette ancienne propriété de la famille Secretain appartient actuellement à M. Dufresne, président de la Cour impériale à Besançon. Dans ce jardin sont quelques débris des ruines de l'*ancienne chapelle*.

(2) Sous le nom de *Forêt de Sautron*, une vaste forêt s'étendait autrefois sur Couëron, Saint-Herblain, Orvault, Sautron, et s'avançait jusqu'aux murs de Nantes. Ces aménagements nombreux portaient le nom de *Bois*. Il existe encore, sur la commune, différents lieux qui ont conservé ces dénominations, bien qu'ils ne soient plus sous *bois* : Les *bois Marie*, les *bois Giraud*, le *bois Garand*, le *bois Thoreau*, le *bois de la Refoulière*, le *bois de la Massicotière*, le *bois de la Croix*, le *bois de la Haute-Forêt*, le *bois de la Cloutière*, le *bois de la Noue*, le *bois de la Paquelaie*, le *Grand-Bois*, le *bois du Barré*, le *bois des Guilleries*, le *bois du Bas*, le *bois du Haut*, le *bois Renaud*, le *bois de la Chevaleraie*.

« Les grandes abbayes telles que Saint-Serge, Saint-Aubin,
» le *Ronceray,* Saint-Nicolas, Saint-Maure, Saint-Florent,
» possédaient un très-grand nombre de *Prieurés-cures*,
» sur lesquels les évêques n'avaient d'autre autorité que celle
» d'ordonner le prêtre desservant. Le Prieuré relevait le
» plus souvent des abbés, quant au temporel, au patro-
» nage et à la présentation ; et, de l'évêque, quant à l'or-
» dination et à l'acceptation. » Enfin, nous le répétons,
les ruines, les titres et les traditions sont d'accord pour
établir que les *Chapelles* du Prieuré ont servi d'*église
parrochiale* à Sautron, depuis l'érection de cette paroisse
jusque vers la fin du XVe siècle.

La Chapelle, dans le jardin nommé l'*Hermitage*, étant
en ruines, le duc de Bretagne, François II, qui venait
souvent à la chasse dans la forêt (1), se détermina à faire
construire une nouvelle Chapelle pour remplacer l'ancienne.
C'était, disent les anciens du village, pour l'accomplissement d'un vœu. La magnificence ducale se manifesta dans
cette œuvre en pierres de granit non moins que dans le
manoir du chapelain au Sud du *cimetière*. Ces deux édi-
fices sont remarquables par leur solidité. Les pierres, en
forme de gros appareils, sont taillées à l'orne. Mais celles
de la Chapelle ont été enduites depuis d'une couche

---

(1) A l'Ouest de Bois-Garand, on aperçoit le manoir du
Bois-Thoreau, entouré de son parc antique, rendez-vous de
chasse que les ducs avaient fait construire solidement; c'était à la
fois un asile pour les chasseurs contre les intempéries de la saison
et une retraite pour les chenils et les équipages de chasse à la
grosse bête.

épaisse de chaux qui en cache toutes les ciselures. Le prince plaça cette Chapelle sous le vocable de la Vierge qu'elle avait auparavant, en lui conservant le nom de *Notre-Dame-de-Bois-Garand*. La consécration eut lieu le 6 juin 1464, par le coadjuteur de Rennes (1), en présence du duc et de sa cour. Ce bâtiment est couvert d'ardoises et surmonté d'un clocher pyramidal en bois revêtu d'ardoises et placé au-dessus de la grande porte. Cette porte n'est ouverte que les jours de fêtes. La Chapelle est au centre d'un *cimetière* où le fossoyeur rencontre sous sa bêche des ossements desséchés. La charpente en bois de chêne est solidement établie avec pièces passantes. Quatre contreforts en pierres de taille renforcent le chœur en dehors. L'autel, badigeonné depuis peu, fait face au soleil levant. A quelque distance est placée une balustrade en bois qui sépare le chœur d'avec le bas de la Chapelle. A droite et à gauche sont réunies deux nefs ou bas-côtés figurant deux petites chapelles et formant les deux bras de la croix. Elles sont éclairées par deux fenêtres trefflées dans la partie supérieure. Dans la première nef à droite, au-dessus d'un petit autel, sont placées trois statues en bois coloriées : la première représente *saint Michel* armé d'une épée et d'un écu, terrassant un dragon. L'écu, au champ d'azur, porte une croix d'or, cantonnée de quatre coquilles en or (2).

---

(1) Ogée, Dictionnaire de Bretagne, art. Sautron.
(2) Suivant l'*Armorial de la Bretagne*, par M. de la Grasserie, on croit que ces armoiries ont dû appartenir à une famille originaire de Normandie, du nom de *Michel*, seigneur de la Michelière, de Vèle, de Belouzé, de Cambernon, du Port de la

La seconde *sainte Julitte ;*

Et la troisième *saint Cornelius.*

Dans la seconde Chapelle à gauche, sur le dernier degré d'un petit autel, sont rangées les statues de *saint Roch*, de *sainte Émérance* et de *saint Antoine.*

En place de pavés, on voit des dalles de granit qui recouvrent le sol. Au-dessus de la grande porte règne une vaste tribune qui paraissait destinée à l'usage du duc et des seigneurs de sa suite. Car, le prince, suivant le récit des habitants, assistait toujours à la messe avant de partir pour la chasse (1). Une seconde porte à gauche, moins

---

Chesnaie, du Chastelet, de Mont-Huchon et de Rafferville ; mais, d'après le *Dictionnaire véridique des Maisons nobles de France*, par M. Lainé, successeur de M. de Saint-Allais, les armoiries seraient celles de la maison de *Michel du Bouchet*, famille d'une ancienne noblesse, originaire du Bourbonnais et transplantée en Provence.

On ignore le nom du membre de cette famille, qui a fait don de la statue ainsi que l'époque. Il est à présumer que c'est l'accomplissement d'un vœu, ou sinon une offrande en faveur du Prieuré.

(1) Après la bataille de Saint-Aubin-du-Cormier, dont la perte livra la Bretagne à la merci de la France, François II s'éloigna de Nantes, qui était alors affligée de la peste, et chercha le repos et la santé parmi l'air plus pur des champs. Accompagné des jeunes princesses, Anne et Isabeau, il se retira dans le château de Gazoire, en Couëron, séjour favori des souverains de la Bretagne. Là, ce prince crut rencontrer un remède à ses chagrins et à ses maux en se livrant, comme jadis, à ces brillantes chasses, en compagnie des seigneurs et des dames, dans les bois et la *forêt de Sautron.* Mais une chute de cheval abrégea ses jours. Le duc décéda à Gazoire, le 8 septembre 1488. Ses entrailles furent dépo-

élevée, dessert habituellement la Chapelle. Le lambris plein cintre a été rétabli en partie. On y remarque les armes de Bretagne, les hermines avec la couronne ducale. Les armes étaient peintes, en outre, sur le vitrail de la fenêtre qui éclaire l'autel du centre, vitrail où il reste quelques traces de couronne. Cette belle fenêtre est décorée de deux ogives géminées et surmontée d'une rose polylobée. Ces beaux verres coloriés et les vitraux à droite et à gauche ont été remplacés en partie par des verres sans couleur. Les peintures du lambris sont ternies, effacées. Il existe encore quelques anciens panneaux, peints en bleu d'azur, sur lesquels scintillent des étoiles d'or. Dans les murs, l'architecte a eu soin de pratiquer des cavités nombreuses, qui contiennent des vases en grès, afin de donner plus d'intensité aux effets de l'acoustique, cette sonorité éclatante que l'on recherchait tant autrefois dans les monuments religieux. A l'Ouest et au Nord, dans le *cimetière*, enclos de murs à hauteur d'appui, s'élèvent deux épines blanches, arbustes remarquables par la grosseur du tronc et l'épanouissement du branchage, et qui doivent compter plusieurs siècles d'existence; leurs jolies fleurs blanches, dans les premiers jours du printemps, embaument l'air des plus suaves parfums, et ne

---

sées à Couëron, dans le chœur de l'église, et son corps aux Carmes, à Nantes. Il n'existe plus de traces de ce magnifique château. On prétend qu'il s'élevait, au centre d'un vaste parc, sur le point le plus culminant du Champ de Foire, à l'Est du bourg. C'est, sans doute, comme souvenir que ce lieu conserve encore le nom de *Parc-aux-Ducs*.

cessent d'attirer les regards des pèlerins et l'attention des voyageurs. On distingue aussi un jeune chêne à l'Est, une croix en granit élevée sur un piédestal en grison, avec un vieux cormier, couvrant de son ombre la grande porte du *cimetière*.

C'était un usage immémorial dans les paroisses voisines, chaque année, de venir en procession à *Bois-Garand*, le 2 juillet, jour de la fête de la Visitation de la Vierge et jour de la fête du Prieuré. A cette réunion, quelque peu tumultueuse, on distinguait les bannières, les croix et les curés marchant en tête des habitants des paroisses ci-après : d'*Aindre, Boué, Bouvron, Casson, Chantenay, Couëron, Saint-Étienne-de-Mont-Luc, Fay, Grand-Champ, Saint-Herblain, Héric, La Chapelle-sur-Erdre, Orvault, Saint-Jacques* de Nantes, *Saint-Sébastien, Sautron* (1), *Sucé, le Temple-de-Maupertuis, Treillières, Vigneux*. La messe était célébrée avec une grande pompe. Mais la confusion et le désordre, suites ordinaires d'une réunion de 12 à 15 mille personnes des deux sexes et de tous les âges, finirent par déterminer Monseigneur

---

(1) La croix processionnelle de cette paroisse, croix en argent, était remarquable par la beauté de ses formes, l'élégance des ornements et la finesse des ciselures. C'était, disent les vieillards, la croix la plus belle dans toutes les processions, sans excepter même la procession de toutes les paroisses du diocèse, le 20 janvier, au temps jadis, traversant les Ponts, escortant l'énorme cierge fabriqué en l'honneur de M. Saint-Sébastien, à l'effet de préserver la ville du fléau de la peste. Sautron devait cette œuvre magnifique à la générosité de M. Jacques Fremon du Bouffay, maire de Nantes, en 1680.

l'Évêque à interdire en l'année...... ces bruyantes processions, aux grands regrets des assistants et surtout des habitants de *Bois-Garand* et de Sautron qui, dans ce jour de fête, rencontraient à la fois et plaisirs et profits.

Cette assemblée, qui réunissait à la variété des costumes celle des individus, avait lieu en plein air, parmi les cabarets en pailles et en ramées, sous les tentes où se rassemblaient les pèlerins, les paroissiens, les charlatans, les sonneurs de vèze, avec les marchands de meubles et d'outils; puis, une multitude de mendiants sortis de tous les coins de l'Anjou, de la Bretagne et du Poitou, accourait implorer la pitié des assistants et la protection de *Notre-Dame-de-Bois-Garand*. Cette foule glapissante, remuante, couvrait pendant deux jours et deux nuits (1) le penchant de la colline, au bas de laquelle coulent les eaux du *Gué-du-Bourg*.

D'après la défense épiscopale, si la procession est interdite, il n'en est pas ainsi des pèlerinages, ils n'ont pas entièrement discontinué dans quelques-unes de ces diverses paroisses. Car le nom de la Vierge, dans toute la Bretagne, est resté en grande vénération depuis les premiers temps du christianisme jusqu'à nos jours. Cependant, on doit remarquer qu'aux idées religieuses du catholicisme, les habitants et les pèlerins ont conservé traditionnellement quelques coutumes et quelques idées du paganisme. Par exemple, quand les pèlerins viennent implorer la protection de la Vierge pour la santé des

---

(1) La foire tenait le 1er juillet à *Bois-Garand*.

hommes, la conservation des bestiaux (1), la naissance des enfants (2), et l'abondance des récoltes (3), ils ont toujours soin de déposer leurs modestes offrandes sur l'autel; ce sont quelques pièces de monnaie, ou un petit sachet de froment, de blé-noir, d'orge, de seigle, de millet, de lin, etc. (4). Quelquefois encore, les jeunes filles se glissent dans le sanctuaire et déposent furtivement des épingles en croix aux pieds de *sainte Emerance*, don intéressé pour obtenir, à ce qu'on assure, un mari et un heureux mariage (5). Jadis, les marins échappés aux périls de la mer s'acheminaient silencieusement, le chapelet à la main, revêtus d'une longue chemise blanche, les pieds *déchaus* pour l'accomplissement des vœux à *Notre-Dame-de-Bois-Garand*, promis à l'instant du danger (6). Un petit navire, armé de toutes pièces et pavoisé, est suspendu à un cordonnet de chanvre qui est attaché à la voûte. C'est l'œuvre consacrée d'un matelot, père d'une

---

(1) Pèlerinage de toutes les communes, en toutes les saisons.

(2) Pèlerinages de Saint-Etienne, Boué, Cordemais, le vendredi après la naissance.

(3) Pèlerinages de Blain, Bouvron, Cambon, Cordemais, Grand-Champ, Fay, Héric, Le Temple, Sautron, Treillières, Vigneux, en avril.

(4) Il y a eu des années, aux XVIIe et XVIIIe siècles, que le gardien recueillait une telle quantité de ces petits sachets que les céréales qu'ils contenaient produisaient 2 et 3 setiers. Ces offrandes profitent à la Chapelle.

(5) Pèlerinages de diverses communes, en mai.

(6) Pèlerinages des marins de l'arrondissement de Savenay et du littoral de la Basse-Bretagne.

nombreuse famille, sauvé du naufrage, après la promesse d'un vœu, sur les côtes de la Bretagne.

Le gardien fait remarquer ordinairement deux béquilles en bois, placées à l'angle du mur, dans le chœur, à gauche de l'autel, et nous a assuré qu'elles ont été déposées dans ce lieu par une jeune fille paralytique, venue en charrette, ne pouvant marcher, et qui est retournée en sa demeure, à pieds, et guérie, dit-on, après une prière et l'accomplissement d'un vœu à *Notre-Dame-de-Bois-Garand*, en l'année 1846.

Vers la fin du XVIIIe siècle, on conservait encore, dans un recoin de la sacristie, de nombreux boulets de différents calibres, projectiles que l'on assurait avoir été tirés par les troupes anglaises du comte de Buckingham, sur la Chapelle, en s'éloignant devant Amaury de Clisson, qui les avait forcées de lever le siége de Nantes, en 1381, après une attaque sans succès pendant trois mois et vingt jours. Ces boulets avaient été ramassés autour de la Chapelle et déposés par les habitants, qui attribuaient la conservation de ce monument à la protection de la patronne du Prieuré.

En 1793, ces boulets furent transportés, dans une charrette, à l'arsenal du Château, à Nantes.

Suivant une certaine tradition, les habitants prétendent que, parmi les Anachorètes qui ont habité le village, il en était un, il y a plusieurs siècles, qui vivait retiré parmi les ruines de l'*ancienne* Chapelle, surnommée depuis l'*Hermitage*, où il est mort en odeur de sainteté. La vénération envers ce pieux personnage était si grande parmi les *Bois-Garandais*, qu'ils ont fait inhumer le corps dans la

Chapelle de François II, à peu de distance de l'autel. Une simple pierre tombale, sans inscription, de deux mètres en longueur, au niveau du pavé, indique encore ce lieu funèbre. Le nom, que l'on dit illustre, est toujours resté ignoré.

Cette Chapelle, monument du XV⁰ siècle, est en général assez bien conservée sous le rapport architectonique, pour l'époque actuelle, sauf le lambris, les vitraux et la tribune, qui exigent de promptes réparations.

En commémoration du vœu de Louis XIII, le 15 août, il y a une procession après vêpres, de Sautron à *Bois-Garand*, cérémonie qui attire encore les populations de quelques-unes des paroisses voisines. Mais l'honneur de porter la bannière et la croix devient fréquemment le sujet de rixes entre les *Sautronnais* et les habitants des autres paroisses, malgré la présence de l'autorité civile et militaire.

Autrefois, on disait la messe, tous les jours, dans la Chapelle du Prieuré, au milieu du concours des fidèles, des étrangers et des pèlerins ; alors, le chapelain habitait le manoir auprès du *Cimetière*. Mais, aujourd'hui, ce manoir est inhabité, tout est désert aux environs ; le service divin n'est plus célébré, hormis les deux fêtes du 2 juillet et du 15 août, sinon quelquefois sur la semaine, par MM. le desservant et le vicaire, venant en procession pour invoquer la protection de la Vierge, en faveur de la prospérité des récoltes ; et aussi, pour remplir les pieuses intentions des habitants et des pèlerins. Cet office est annoncé, dès le lever du soleil, aux villageois des hameaux voisins, par les tintements répétés de la cloche de la Chapelle (1). Ordinairement, quelques femmes quittent leurs foyers, accompagnées de leurs jeunes enfants, qu'elles conduisent par la main, et viennent unir leurs'prières à celles du pasteur et des pénitents.

Chroniqueur de cet antique Prieuré et de ses dépendances, nous croirions avoir manqué notre but, si enrichi de documents précieux tirés des aveux, des chartes, des légendes et des traditions, nous terminions ici cette monographie, sans la compléter par le nom des dames, issues des plus illustres maisons de l'Anjou et de la Bretagne, qui ont porté le titre de *Prieure de Notre-Dame de Bois-Garand*, depuis le XIe siècle jusque vers la fin du XVIIIe. Nous ajoutons ces noms tels que nous les avons recueillis parmi les Chartes du Cartulaire du Ronceray d'Angers, en dépôt aux Archives départementales, à Nantes; les Archives d'Anjou; les Annales de l'ordre de Saint-Benoit, par dom Mabillon; la Gallia Christiana, et la France chevaleresque et chapitrale de 1786.

---

(1) Cette cloche au son lugubre a été donnée, en 1818, par M. Joseph Mabit, notaire et ancien maire de Sautron.

Liste, par ordre chronologique, des Dames Abbesses du Ronceray, prenant le nom de Prieure de Bois-Garand.

1038 — Lieburgis ou Léoburgis (dom Lobin., dom Morice. Hist. Bretag. Preuves.)
— (Annales de d. Mabillon. Gallia Christ. Cart. du Ronceray.)
1046 — Bertrada. (Annales. Gallia Christiana.)
1060 — Belliardes. (Annales. Gallia Christiana.)
1073 — Richeldis. (Annales. Gallia Christiana.)
1119 — Tiburgis. (Annales. Gallia Christiana.)
1122 — Mabilia. (Annales. Gallia Christiana.)
1126 — Hidelburgis. (Annales. Gallia Christiana.)
1132 — Aldeburgis. (Annales d. Mabillon.)
Heremburgis. (Annales d. Mabillon.)
1148 — Amelina de Cholet. (Ann. Gall. Christ.)
1161 — Orsandis. (Archives de l'Anjou.)
1163 — Emina de Laval. (Gallia Christiana.)
1185 — Hersendis I. (Gallia Christiana.)
1209 — Hersendis II. (Gallia Christiana.)
1217 — Theophania I. (Annales. Gallia Christiana.)
Orcades. (Annales d. Mabillon.)
Agnès I. (Gallia Christiana.)
1230 — Maria de Beaumont. (Gallia Christiana.)
1255 — Alais de la Roche. (Gallia Christiana.)
1284 — OEnordis. (Gallia Christiana.)
....
....
1380 — Theophania II. (Gallia Christiana.)
1383 — Jehanne de la Barre. (Cartul. du Ronceray.)

1392 — Marguerite de la Rabinais. (Cartul. du Ronceray.)
1393 — Isabelis de Ventadour. (Gallia Christiana.)
1419 — Agnès II. (Gallia Christiana.)
1424 — Margarita de Coëmes. (Gallia Christiana.)
1430 — Agnès de la Riboule. (Cartul. du Ronceray.)
1459 — Philippa du Bellay. (Gallia Christiana.)
1455 — Alienor de Champagne. (Gallia Christiana.)
1456 — Renée Sarasin. (Cartul. du Ronceray.)
1486 — Catharina de la Trimouille. (Gallia Christiana.)
1493 — Renata Sarasin. (Gallia Christiana.)
1497 — Anne-Renée de la Porte. (Cart. du Ronceray.)
1499 — Catarina de Tonnerre. (Gallia Christiana.)
1508 — Isabelis de la Jaille. (Gallia Christiana.)
        Jehanne de la Jaille. (Cart. du Ronceray.)
1512 — Françoise du Bois. (Cart. du Ronceray.)
1519 — Francisca de la Chapelle. (Gallia Christiana.)
1523 — Renée de Villiers. (Cart. du Ronceray.)
1530 — Francisca de Launé. (Gallia Christiana.)
1535 — Anna de Montmorency. (Gallia Christiana.)
1554 — Johanna de Maillé. (Gallia Christiana.)
1557 — Madeleine de Villiers. (Cart. du Ronceray.)
1573 — Ivona de Maillé. (Gallia Christiana.)
1589 — Simona de Maillé. (Gallia Christiana.)
1600 — Gabrielle de Cheritte. (Cart. du Ronceray.)
1639 — Madeleine de Maillé. (Cart. du Ronceray.)
1649 — Ivona de Maillé. (Gallia Christiana.)
1655 — Antonieta du Puy. (Gallia Christiana.)
1669 — Marie de la Barre de Saulnay. (Cart. du Ronceray.)
1699 — Charlotte de Grammont. (Mem. Anjou. Miro-
        ménil.)

1708 — Louise du Boëssic de la Chouppe. (Cart. du Ronceray.)
1725 — Marie-Gabrielle de Bautru de Vaubrun. (Cart. du Ronceray.)
1759 — Marie-Anne de Vaugiraud. (Cart. du Ronceray.)
1764 — Jeanne-Charlotte-Renée-Céleste de Farcy de Cuillé. (Cartul. du Ronceray.)
Anne-Marie-Louise de Bethune de Castelmoron. (Descript. de la ville d'Angers, par Péan de la Tuillerie.)
1786 — Léontine d'Esparbez de Lussan Bouchard d'Aubeterre.
France chevaler. et chapitrale en 1787. (Paris.)

Le Prieuré et ses dépendances, depuis 1790, ayant cessé d'être annexés à l'abbaye du Ronceray, furent réunis, comme avant le XIe siècle, à la commune de Sautron, dont ils font encore partie, jusqu'à ce jour.......

(Extrait du supplément à l'*Essai historique et statistique* sur la commune de *Sautron*, en 1832.

Aux Croix, 8 septembre 1852.

Nantes, Imprimerie de Mme veuve C. Mellinet. — 811.

www.ingramcontent.com/pod-product-compliance
Lightning Source LLC
Chambersburg PA
CBHW060909050426
42453CB00010B/1616